AF391931

Copyright © 2024

Tous droits réservés

3, rue Nationale

49700 Concourson-sur-Layon

Dépôt légal : 2e trimestre 2024

ISBN 9782959027420

À tous ceux qui lacent leurs chaussures pour se sentir vivants,
À tous ceux qui marchent pieds nus aussi !

Véronique Lesaffre

Née en 1978, Véronique Lesaffre réside en Maine-et-Loire. Auteure de plusieurs romans, elle est aujourd'hui, écrivain, rédactrice et enseignante libre. Secouée ces dernières années par un changement radical de vie, elle publie *Chansons pour les pieds,* une série de textes libres autour du thème du pied et de l'ancrage au monde.

« *Nous sommes venus au monde pour laisser des empreintes, pas des cicatrices* ».

Véronique Lesaffre

Chansons pour les pieds

Recueil de textes et nouvelles

Avant-propos

Ce recueil foutraque, n'ayons pas peur des mots surtout quand leur sonorité est amusante, regroupe un ensemble de textes et de nouvelles, écrits entre 2017 et 2023. Il est le résultat de recherches textuelles, de récits lentement mûris mais aussi de textes rédigés dans une salle d'attente.

Le pied est l'ancre avec le sol nourricier, le sol qui donne de l'élan au sportif au départ de sa course. Au cours de ces dernières années, j'ai véritablement appris l'importance d'être là où sont mes pieds.

Bien sûr le titre vous évoque un album de Jean-Jacques Goldman sorti en 2001. Un hommage volontaire à celui qui a su mettre des mots simples et éclectiques en chanson pour décrire notre quotidien et nos rêves. Si chaque texte ne correspond pas à un style, comme c'était l'objet de l'album, ce recueil reste un mélange épars de genres et d'inspirations multiples pour faire danser l'esprit.

La chanson c'est la liberté des paroles et des notes, de durée, de refrain... C'est la ritournelle qui vous réveille et vous titille tout au long de la journée. La chanson c'est ce qui fédère un groupe, une famille, ce qui donne une identité. La chanson c'est parfois aussi la réponse à nos maux.

Le pied est essentiel à la mobilité, à l'équilibre, à la stabilité et au soutien du poids du corps. Les pieds sont le socle de l'Homme. Le philosophe grec a des pieds sous sa tunique. Le Christ en croix est cloué aux pieds. Le bâtisseur de cathédrales comptait en pieds. Le réflexologue soigne par les pieds. Le navigateur a le pied marin, le viticulteur son pied de vigne, le chômeur sa mise à pied, le mourant un pied dans la tombe...

Je tiens dans cet avant-propos à remercier tous ceux qui m'ont mis le pied à l'étrier, tous ceux qui sautent à pieds joints dans tous mes textes et sont à pied d'œuvre pour faire connaître mes écrits, tous ceux qui m'ont remis sur pied quand j'ai traversé des moments difficiles, c'est grâce à vous que je prends mon pied aujourd'hui.

Quand on a ressenti l'envie irrépressible de côtoyer la mort, je vous assure, la vie, c'est le pied !

Au fond du trou

Elle était descendue pas à pas, courbée vers le vide, refaisant parfois surface en se relevant, le nez à fleur de sol, regardant derrière elle son point de départ. De temps en temps, elle glissait un peu, s'éloignant, plus vite qu'elle ne l'avait voulu, du lieu qui lui avait permis d'arriver jusqu'ici. Assurée qu'elle pourrait remonter seule ce chemin abrupt, confiante en ses chaussures à crampons, elle progressait vers le cœur de la Terre. Le sol, d'abord poudreux, devint argileux et humide. Il lui était impossible à présent de regarder à la surface, seul un petit carré bleu de ciel devenait petit à petit plafond de verre. L'air était moins chaud et le vent n'atteignait plus ses cheveux. Elle se rendit alors compte des efforts qu'elle devrait fournir pour rejoindre la surface en cas de renoncement ou de fuite.

Elle prit conscience que, là où elle était, personne ne la trouverait par hasard. Elle s'était laissée descendre, accompagnant volontairement ses pieds attirés vers ces entrailles. Il suffisait de suivre le petit sentier qui se dessinait sous ses pas. Le chemin continuait sous forme de petits galets ronds qui étaient bien moins agréables : il fallait rester concentré sur le parcours. Impossible de jeter un œil aux parois qui se rapprochaient et encore moins à la voûte au-dessus d'elle. Cet état ne ressemblait plus à la marche facile et légère du début.

Elle commença à se demander si cette idée qui lui avait paru si accessible n'était pas une erreur. Elle avait disparu sans prévenir. Personne ne la chercherait en cas de chute. Mais elle pouvait rebrousser chemin quand elle le souhaitait. Elle avait encore le pouvoir de s'extraire de là, pensait-elle.

Quand elle mit la première chaussure dans la boue, elle sentit l'eau entrer jusqu'à son pied et songea alors qu'elle avait une autre paire de chaussettes dans la boîte à gants de sa voiture. Elle était prévoyante. Lorsque l'autre pied glissa et la fit s'étaler sur le dos, elle pensa qu'une bonne douche lui ferait du bien en rentrant ce soir. Mais, maintenant, complètement dans le noir, l'inquiétude la paralysait : combien de mètres avait-elle progressé sous le sol, aurait-elle l'énergie de faire la route inverse, comment était-elle arrivée à ce stade sans s'en soucier davantage ? Une grande lassitude ne lui permettait plus d'évoluer. Elle réalisa que ses mouvements étaient entravés par les parois collantes et suintantes.

Dans un élan courageux, elle sortit la petite lampe torche de sa veste et éclaira son trou : la vue de son ombre la rassura et elle découvrit de minuscules cristaux brillants sur les parois ruisselantes.

Quelque chose de féérique se produisit alors : son esprit vagabonda un instant dans l'herbe qu'elle avait foulée tout à l'heure et y cueilli mille fleurs chatoyantes. Il lui était aisé de voyager d'une fleur à l'autre sans fin. Peut-être était-elle dans la peau d'une abeille butinante et virevoltante ? Elle ne sentait plus la moisissure du gouffre mais les parfums de la prairie qu'elle avait quittés sans prendre le temps de s'arrêter sur les merveilles et les couleurs qu'elle lui offrait. Elle ferma les yeux pour retrouver dans sa mémoire les odeurs et l'air sur son visage. Un effort immense et intense plus tard, elle rampait vers la sortie. Les graviers, les galets puis enfin l'argile grise. Il était interdit de se relever, elle fit une grande partie du chemin le ventre collé au sol. Toute tentative de se redresser la faisait glisser à nouveau quelques mètres plus bas. Ce n'est que, quand elle redécouvrit la portion bleue du ciel, qui ne s'était pas obscurcit, qu'elle osa passer du quatre pattes animal à la station debout. Retrouvant avec délice une brise légère et la chaleur de la terre, elle ne se précipita pas hors du trou. Elle prit le temps de retrouver tous ses sens, éclairée et sereine.

A l'encre de vos regards[1]

Bercements au goût de miel

Impression d'un espace infini et ouvert

Ondes comme des flocons doux susurrants un air familier

Danse des corps en harmonie avec leur intuition

Autour de mains chaleureuses et tendues

Nouvelles plumes légères enivrées de bonheur

Zest de mémoires blanches et de respiration

Anges dont les ailes se déplient ensemble doucement...

---

[1] A tous les biodanzeurs de la Terre

De la tête aux pieds

Agathe avait aimé la pièce. Elle quitta son siège, rassurée : elle aimait encore le spectacle divertissant. Elle avait trouvé la mise en scène excellente et les costumes particulièrement beaux. Professeure de lycée, elle avait reçu, quelques semaines auparavant, un carton d'invitation mais était surprise de ne voir assister à la représentation que des personnes âgées et des chroniqueurs locaux. Il était évidemment difficile de faire venir les mères de famille un jeudi soir... Elle avait apprécié revoir *Georges Dandin ou le mari confondu* joué sur un plateau. Décidément, cette Angélique avait tout compris à la vie et ce riche paysan était bien le dindon de la farce ! Comment la pièce avait-elle été reçue au XVIIe siècle ? Elle ne s'en souvenait plus... Elle se demanda à nouveau si le nom de Clitandre, l'amant dont le mari découvrait l'existence, évoquait vraiment l'adultère. Elle ne pouvait s'empêcher de trouver une consonance très proche entre ce prénom et l'organe associé au plaisir féminin et imaginer que c'était peut-être un choix de Molière de suggérer là une certaine liberté et force féminine. Et cet acteur qui jouait le valet, elle pensait l'avoir déjà vu quelque part... En passant la porte du théâtre, elle chassa vite ces divagations de son esprit.

La chaussée était mouillée et ses mocassins avaient à peine touché le sol que leurs extrémités avaient pris une teinte plus foncée. Il avait plu certainement pendant toute la représentation. De grandes flaques s'étaient formées sur les pavés les plus usés du parvis. Elle devait retrouver Alex dans un café. Ils avaient convenu de cela, le matin même, par message. Ils s'étaient donné rendez-vous à vingt-deux heures au petit troquet de la place. Après la pièce pour elle et à son retour tardif du travail pour lui.

Agathe arriva la première. Il est vrai que la météo ne l'avait pas engagée à traîner en chemin. À peine sortie du théâtre, la pluie s'était remise à tomber, légère mais pénétrante et très désagréable. Elle n'avait même pas regardé la vitrine de la maison de la presse pour y reconnaître les auteurs en vogue ces derniers temps ni celle de la petite boutique de souvenirs. Habituellement, elle aimait l'agencement délicat que leur donnait la propriétaire. Ses pieds étaient désormais trempés et elle aurait presque préféré rentrer chez elle et les glisser dans des chaussons bien douillets mais ce rendez-vous était fondamental pour elle.

Alexandre et elle avaient vécu pendant trois ans une belle histoire d'amour. Une rencontre on ne peut plus banale dans un café, celui-ci justement. Ce jour-là, elle était venue pour faire une pause loin de l'agitation de sa journée de travail et lui aussi. Ils avaient engagé une conversation et ils s'étaient plu immédiatement. Elle s'était installée chez lui au bout de quelques mois idylliques de parfaite connivence et ils avaient même envisagé d'acheter une maison ensemble... Jusqu'à ce qu'elle découvre, par le plus grand des hasards, qu'il avait deux profils Facebook et qu'une autre femme l'attendait et l'aimait à La Rochelle, ville où il était continuellement en déplacement à cause de son boulot de commercial en chaussures. Deux pied-à-terre : un avec elle le week-end et un au bord de la mer la semaine. Elle avait rompu tout de suite. Elle avait regretté amèrement de s'être installée chez lui et d'avoir perdu son indépendance à cause de lui. Elle avait dû louer un nouvel appartement, à un prix bien plus élevé que celui qu'elle avait quitté pour lui. Elle avait pleuré, avait ragé de ne s'être rendu compte de rien, avait cherché désespérément à comprendre comment elle était passée à côté de cette double vie. Elle s'était sentie trahie, bafouée. Puis, elle avait tourné la page.

Elle ne répondait plus à ses messages insistants et ses appels incessants jusqu'au 8 mars dernier, date de leur première rencontre. Ce matin-là, il avait fait livrer des fleurs, des chocolats et une même boîte de thon, boîte qui évoquait leur premier repas en amoureux. Elle avait été émue, avait voulu croire que la rupture avec l'AUTRE avait bien eu lieu et qu'ils pourraient reconstruire un couple heureux, comme avant. Elle avait d'abord pris cela comme une faiblesse puis avait découvert que beaucoup de couples dont elle admirait la constance et la solidité étaient aussi passés par des cascades terribles et des remous, avant de construire le fleuve tranquille de leur longévité. Elle avait décidé de considérer son acte de pardon non pas comme un acte de faiblesse mais comme un acte très courageux : redonner sa chance et son éclat à une ruine encore fumante des bombardements ennemis.

Cependant, les codes avaient changé, elle avait le beau rôle maintenant. Ils n'étaient plus à égalité et elle avait posé ses conditions. Bâtir des fondations solides avant de poser de nouvelles pierres. Laisser sécher la chape avant de se précipiter à soigner la décoration. Elle ne voulait plus assister à la communion du petit-neveu ni accepter de laisser sa brosse à dents chez lui. Se donner du temps. Il avait accepté sans broncher, si heureux de voir cette relation renaître des cendres de l'incendie qui avait tout dévasté et dont il avait été le propre pyromane !

Il était vingt-deux heures quinze, elle avait déjà avalé le café qu'elle avait commandé en arrivant. Le breuvage noir l'avait réchauffée et réveillée. Le décor n'avait pas changé depuis ces trois dernières années : une affiche de Jean Gabin au-dessus des banquettes, une autre de Mick Jagger sur la porte des toilettes, un comptoir sombre et exigu et un grand ficus déplumé devant la baie vitrée. Le son de la radio était à peine perceptible pendant les annonces publicitaires mais le serveur l'augmentait légèrement quand il aimait un morceau de musique. L'endroit était très commun mais il avait gardé le goût des plaisirs passés.

Elle avait eu le temps d'échanger quelques mots avec le serveur sympa, celui du soir, et elle allait recommander un deuxième café quand il passa la porte d'entrée la cherchant du regard. Il ne l'embrassa pas, se montrant tout dégoulinant de pluie, trempé de la tête aux pieds par la grosse averse qu'il venait d'essuyer entre le parking et le café. Non, il n'avait pas de parapluie dans sa voiture, il préférait être optimiste et garder plutôt un maillot de bain dans sa boîte à gants ! Cela fit sourire le serveur qui arrivait, prévenant, avec une serviette éponge pour lui permettre de se sécher un peu et éviter aussi de mouiller la table et la banquette. Agathe ne put s'empêcher d'être troublée par l'évocation de la mer et de ce que cela faisait résonner en elle : une sirène au bord de l'Atlantique attendant nonchalamment Alexandre les jours de semaine. Il déclara qu'il avait eu la chance de passer la journée au siège de son entreprise à Cholet et qu'il avait pu ainsi éviter les ralentissements dus à la météo sur l'autoroute mais que, malheureusement, la journée hebdomadaire au bureau se terminait souvent bien plus tard. Il ajouta, un sourire charmeur aux lèvres, qu'il aurait préféré affronter les intempéries et être auprès d'Agathe au théâtre. Le serveur appuya le compliment en ajoutant que le temps passé avec une si belle femme devait en effet paraître plus court que devant un ordinateur puis s'éloigna les laissant à leurs retrouvailles.

Elle s'empressa de balayer son vague à l'âme et mettre tous ses charmes en avant pour lui raconter, penchant ostensiblement sa poitrine décolletée, sa journée assez chaotique avec des élèves toujours aussi peu enclins à travailler. Ils avaient tant de mal à réfléchir par eux-mêmes ! Ce moment de partage du quotidien autour d'un verre ravivait sa flamme. Elle était comblée, Elle riait à gorge déployée à chaque anecdote qui relatait les facéties de ses fournisseurs et de ses clients. Des histoires de chausse-pieds, de pointures et de cuirs qu'Agathe connaissait par cœur mais redécouvrait avec plaisir. Ils prenaient leur pied ensemble et adoraient en plaisanter. Ils aimaient se charmer comme au premier jour et elle retrouvait avec joie cette chaude connexion entre eux qui faisait oublier le lieu et l'heure.

Vers vingt-trois heures trente, le serveur leur fit comprendre que sa journée debout avait été longue et qu'il aimerait bien ne pas faire la fermeture trop tard uniquement pour eux. L'air de rien, il éteignit quelques lumières et mit les chaises sur les tables pour pouvoir passer la serpillère dès qu'ils auraient passé la porte. Ils remarquèrent ainsi qu'ils étaient les derniers clients. Ils n'avaient pas vu le temps passer. Lorsqu'Alexandre se leva pour payer, Agathe eut tout le loisir de rêvasser et de se dire que, décidément, elle avait fait le bon choix ! Elle se demandait même s'il n'était pas un homme meilleur que celui « d'avant. » Son infidélité avait dû le faire mûrir ! Il les avait perdues, elle et l'AUTRE, à jouer avec leurs sentiments. Et elle avait finalement gagné au change. Elle avait tout le loisir de revivre les premiers instants, les premiers ébats avec l'expérience non négligeable de ses envies, de son corps, de ses habitudes.

Enfin débarrassé des retardataires, le serveur arbora une mine fermée et s'empressa de ramasser leurs verres pour fermer au plus vite. Dehors, la pluie avait cessé, l'air était même plutôt doux pour un mois d'avril. Le beau temps arrivait de l'Ouest. À peine le pied posé à l'extérieur, Agathe embrassa passionnément la bouche d'Alexandre qui lui rendit son baiser avec fougue. Quelle joie, quel bonheur ! Emportée et un peu ivre, elle lui lécha la joue et le lobe de l'oreille. Quelques secondes plus tard, alors qu'il la regardait intensément dans les yeux et lui caressait les cheveux, y mettant tout son pouvoir de séduction, elle passa sa langue sur ses dents. Elle mit peu de temps à identifier ce qui avait ce goût iodé et qui gênait sa salive : un grain de sable.

Elle comprit instantanément qu'il avait à nouveau menti et s'enfuit en perdant l'une de ses chaussures.

Des bas des hauts
Des hauts débats

Y a des matins tu te lèves t'as envie de rien !
T'as bien du mal juste à promener ton chien
Des bas des hauts
Des hauts débats

Y a des matins où tout va bien
Où y a plus rien qui te retient !
Des bas des hauts
Des hauts débats

Vais-je vais passer la journée au lit
Ou r'faire toute la tapisserie
Des bas des hauts
Des hauts débats

Vais-je tenir aujourd'hui ?
Ou r'garder du plafond l'enduit ?
Des bas des hauts
Des hauts débats

Cuisiner, repasser et jardiner
Ou comater sur le canapé ?
Des bas des hauts
Des hauts débats
Perdre l'esprit, ne plus respirer,
Ou danser, crier tout excité
Des bas des hauts
Des hauts débats

Appeler un ami
Ou r'garder une série ?
Des bas des hauts
Des hauts débats

Y a des matins, tu reviens de loin
Devant le vide, t'es pas serein
Des bas des hauts
Des hauts débats

Y a des matins comme aujourd'hui
T'as l'impression que t'es reconstruit !

Des bas des hauts

Des hauts débats

Florette

15 et 16 avril 2020
À Mamish

L'air était chaud et sec. Le déjeuner venait de s'étirer nonchalamment sur la terrasse. C'était une belle journée de juillet. Les volets de la salle à manger étaient presque clos tant la lumière et la chaleur cherchaient à entrer à l'intérieur et à chasser l'air frais de la grande bâtisse.

« C'est l'heure de la sieste ! » avait dit maman. Florette s'était retrouvée, en moins de temps qu'il faut pour le dire, en culotte et en tee-shirt allongée sur son lit d'enfant avec un baiser rapide. La maisonnée s'était empressée de rejoindre le sofa du salon, la chaise-longue sous la tonnelle ou les chambres pour digérer le repas pris au soleil et les heures d'activité qui avaient commencé tôt ce matin-là.

Mais Florette n'aimait pas la sieste. Elle n'avait pas envie de sombrer, de lâcher-prise contrairement aux autres enfants qui cédaient très vite aux bras de Morphée et arboraient un sourire de ravis de la crèche dans leur sommeil apaisant. Elle n'enviait pas ce relâchement. Non, du plus loin qu'elle s'en souvienne, elle avait toujours tenté de ruser, de resquiller pour éviter ce moment fatidique où il fallait quitter ce monde un temps pour y revenir ensuite et couper la journée. Elle réussissait parfois, en l'anticipant, à accompagner un adulte dans une tâche à l'extérieur afin de ne pas gêner les endormis. Elle pouvait aussi, faire semblant de se réveiller très vite et rejoindre le groupe des adultes qui chuchotaient au salon. Elle profitait ainsi d'instants privilégiés pendant lesquels le monde des enfants et des adultes se rejoignaient pour ne plus distinguer que ceux qui dorment et ceux qui sont éveillés. Elle avait de merveilleux souvenirs de confidences faites à voix basse, récits hors du temps et quelques fois empreints de secrets révélés. Pour rien au monde, elle n'aurait fermé les yeux et échappé à ces conversations passionnantes et si différentes de celles plus triviales du reste de la journée.

Cette fois encore, elle resta immobile sur son matelas attendant de sombrer comme par magie dans le sommeil. Elle jouait le jeu : elle fermait les yeux, écoutait sa simple respiration, dans le silence soudain étourdissant de la maison. Au bout de quelques instants à peine, son corps lui semblait reposé et avoir repris des forces. C'est à partir de là que le temps de la sieste devenait une torture. Qu'attendre de plus ? Elle commençait alors à gamberger, refaire le cours de la matinée et aussi imaginer ce qu'elle ferait quand tout ce cirque serait fini...

Elle aimait ce temps de vacances avec ses cousins et ses oncles et tantes. Papa courait partout pour rendre service et maman riait bien plus qu'à l'accoutumée. Les grands étaient un peu fatigants à suivre mais ils lui apprenaient tant de nouvelles choses !

Pour l'instant, les parents avaient dit « vous n'irez dans la piscine, qu'après la sieste, quand tout le monde sera prêt ! » Mais elle était prête, elle, puisqu'elle ne voulait pas se reposer. Pff... Attention, des pas lourds dans le couloir. Florette ferma les yeux très fortement et imagina qu'elle dormait. Ouf, personne n'était entré dans la pièce. Elle écouta le silence qui régnait. Il y avait juste au loin un léger bourdonnement qui venait de la ferme à côté du gîte. C'était agréable ce calme après les cris et les rires du repas. Elle ouvrit les paupières et observa sagement le plafonnier, puis les murs. L'un des cadres n'était pas droit. Il[2] représentait une dame en blanc dans une barque, elle avait de grands

---

[2] *The Lady of Shalott* <u>John William Waterhouse</u>, 1888.

cheveux et, étrangement, il y avait des bougies au bout de la barque. Pourquoi avait-elle allumé des bougies alors qu'il faisait jour ? Le peintre s'était trompé ! Elle ne lui en voulait pas trop, parfois dans ses propres dessins, elle aussi, elle mettait un grand soleil et de la fumée qui s'échappait de la cheminée de la maison. C'était simple, c'était parce qu'elle aimait dessiner les grands soleils et les contours des volutes de fumée. C'est comme quand on met du Nutella et du beurre sur sa tartine, cela n'est pas logique mais c'est bon quand même !

Elle bailla. Peut-être allait-elle s'endormir finalement. Elle fixait maintenant la plinthe du mur à côté du lit. L'espace d'un instant, elle crut apercevoir une ombre qui n'y figurait pas auparavant. Elle cligna des yeux. En les rouvrant, elle guetta un mouvement sur le mur. C'est là qu'elle vit distinctement sortir de la plinthe, par une fissure, un tout petit personnage. Une minifemme, en fait. Elle aurait été bien incapable de dessiner ses contours mais elle voyait réellement une toute petite dame dans des teintes poudrées et blanches, elle avait les cheveux noués par un ruban, cela on le voyait très clairement, mais les extrémités de son corps étaient presque transparentes. Florette n'osait pas détourner le regard de peur de perdre cette vision : tant qu'elle la regarderait, elle existerait et ne disparaîtrait pas. Elle se dit qu'elle ressemblait à la fée du dessin animé vu avec les grands mais aussi un peu à une copine de l'école. Elle n'osait pas bouger d'un cheveu.

Tout naturellement, la petite dame se tourna vers elle et lui dit :

— Bonjour, Florette, tu ne dors pas toi, ça fait un petit moment que je t'observe !

Oui, c'était bien à elle qu'elle s'adressait. Florette ne fut même pas déstabilisée.

— Non, madame, je n'aime pas la sieste, je n'arrive pas à dormir !

— Je vais passer quelques instants avec toi si tu es d'accord. Ne t'inquiète pas, personne ne t'oblige à quoi que ce soit. Concentre-toi sur ta respiration, sur l'environnement qui est calme et détends-toi. Tu sais, je veille sur toi depuis quelques jours.

— Mais pourquoi t'es là ? T'es qui ?

— J'habite dans ce mur depuis une centaine d'années, j'ai vécu là depuis la construction de cette habitation. Depuis que cette maison est un gîte de vacances, je fais beaucoup de rencontres.

—Mais tu ne réponds pas à ma question, qui es-tu ?

— N'aie pas peur d'être différente. Ce n'est pas un défaut, c'est une qualité de voir le monde autrement. Si tu passes ton temps de repos à rêver, à imaginer des expériences, à refaire le cours de ta journée, c'est que cela te ressemble. Laisse les autres ronfler pendant ce temps-là !

Pendant qu'elle parlait la petite dame rose se tortillait dans tous les sens et semblait ne pas trouver la position qui lui convienne.

— Tu sais, madame, je peux te le dire à toi, parce que t'es vraiment bizarre ! dit-elle en souriant. Il n'y a pas que ça que je ne fais pas comme les autres. Tu vois, je n'aime pas du tout me laver les mains avant de manger, je n'aime pas souffler mes bougies pour mon anniversaire, je n'aime pas aller trop vite en voiture et mettre ma tête dehors comme mes frères, je n'aime pas jouer dans le sable, je n'ai pas envie que mes amies ouvrent mes cadeaux devant moi, je...

— Je sais, je sais, coupa la fée. En fait, ce que tu n'aimes pas, fais de toi ce que tu es. Tu comprendras, plus tard, qu'il y a des explications à tout ce que tu viens de dire. Ne t'inquiète pas, petite, les enfants avec lesquels je discute ici, ont chacun leurs secrets. Moi, j'écoute.

— T'es aussi allée voir mes cousins ?

— Non, c'est toi qui m'intéresse et puis je te rappelle que j'habite cet endroit ! Tu es mon invitée en quelque sorte, dit-elle en faisant un clin d'œil. Je n'ai pas beaucoup de temps, la maisonnée va se réveiller et je devrais à nouveau me cacher.

— Moi aussi, je me cache quand je veux pas qu'on m'embête !

— Je sais Florette mais tu ne devrais pas ! Souviens-toi, tu as le droit de douter, tu as le droit de penser autrement. C'est facile de faire comme tout le monde quand on n'est pas d'accord, c'est plus difficile de modifier sa façon de penser ? Tu sais pourquoi ? Parce qu'on ne doit pas !

— Tu veux dire que je peux m'allonger comme tous les autres pour la sieste mais ne pas dormir si je n'en ai pas envie ? Ça me plaît ! Mais... Les autres ne savent pas et maman continuera à me coucher l'après-midi...

— Oui biens-sûr mais au fond de ton cœur tu n'auras pas honte. Tu ne te sentiras pas inférieure aux autres parce que tu n'es pas comme eux, tu comprends ? Rien ne change mais tout est différent. Connaître sa différence, douter de ses choix et de ceux des autres, c'est cela exister au monde.

— J'existe parce que je suis différente, parce que je doute, murmura Florette. En tout cas, aujourd'hui le temps est moins long avec toi... Pourquoi est-ce que je ne m'ennuie pas aujourd'hui ? Demanda-t-elle.

— Ah, la perception du temps, c'est une autre histoire ma petite... Mais je perçois que certains bougent dans leur lit et ne vont pas tarder à se réveiller.

La petite dame rose cessa de se tortiller et rejoignit une minuscule fissure dans le parquet.

— Je repars par là, il fait plus frais l'après-midi dans le sol.

— Demain tu seras là ? Comment je peux te revoir, moi ?

— Tu m'oublieras très vite, tout à l'heure tu ne te souviendras pas de moi, mais il y aura un jour où tu te rappelleras qui je suis. Il est possible que ce soit un jour où des larmes coulent le long de tes joues roses, je serai là, à l'instant même où mon souvenir te reviendra, et j'emmènerai avec moi toutes les émotions qui t'empêcheront d'avancer.

— Au revoir, petite dame du mur, c'était bien avec toi.

— Au revoir, Florette, porte-toi bien et sois fière de ta différence.

Elle disparut comme dans un souffle et Florette ferma les yeux pour garder son image.

— Ah, c'est bien, tu as dormi plus d'une heure aujourd'hui ! dit maman en entrant dans la pièce. Tu étais bien fatiguée aussi, allez lève-toi vite si tu veux rejoindre tes cousins dans l'eau !

Libre comme un papillon, éphémère

Libre de se tromper, libre de rêver, libre de claquer les porte, libre de s'engager corps et âme pour une cause, libre de changer d'avis du jour au lendemain, libre de suivre une mode, libre d'expérimenter.

Libre comme un papillon, éphémère.

Libre de connaître des premières fois, libre de pleurer pour rien et pour tout, libre de s'enfermer des heures, libre de sauter de joie, libre d'embrasser les autres et la vie qui va avec, libre de douter.

Libre comme un papillon, éphémère.

Libre de devenir soi très vite ou tout doucement, libre de découvrir de nouveaux horizons, libre de s'émerveiller, libre d'être inconscient, libre d'être fragile, libre de s'entêter.

Libre comme un papillon, éphémère.

Libre de rester ou de partir, libre de faire exploser ses certitudes, libre de faire ses propres choix, libre de ne pas penser à demain, libre d'apprendre à aimer son corps.

Libre de regretter... l'adolescence.

Libre comme un papillon éphémère.

Je mangerai cette terre

J'ai commencé par mettre des doigts dedans.

J'ai commencé par enfiler mes doigts propres et blancs dans des gants de jardinage.

Accroupie, j'ai effleuré le sol humide et tiède, arraché quelques jeunes tiges de mauvaises herbes, oh pardon, d'adventices... surgies après la pluie.

Tirer délicatement mais avec suffisamment de détermination pour que la jeune racine qui s'installe, ici, depuis quelques jours puisse venir entière sous la pression.

Ne pas s'y reprendre. Jouir de l'extraction délicate de la plante et la jeter froidement sur le sol nu, encore vivante, ses racines blanches et frêles à nu.

S'accroupir à nouveau, plus loin, choisir d'abord, la plus belle, la plus audacieuse et réussir sa sortie sans nuire aux autres racines celles qui devront s'étoffer une fois leur environnement aéré. Puis s'atteler aux autres, celles qui, plus timides, ont profité de l'ombre d'une autre pour émerger et qui croyaient ainsi échapper aux prédateurs et aux rayons trop brûlants du soleil. C'était sans compter sur ma main experte et avide de désherbage par cette météo si propice.

La terre encore gorgée d'eau devenue friable sur les premiers centimètres et sous les premières chaleurs adhère sans coller au tissu du gant. Je sais que l'eau pénétrera à l'intérieur et que mes ongles seront noirs tout à l'heure. Mais pour l'heure, ma main frétille à l'approche d'une nouvelle pousse que je ne désire pas voir s'épanouir...

Maintenant, le petit tas de plantes arrachées à leur terre se promène d'un bout du massif à l'autre grossissant à vue d'œil. Plantes rassemblées et unies dans un dernier hommage à leur mère nourricière. Il ira rejoindre un cimetière dédié aux cadavres gisants déposants parfois, là, leurs dernières graines dans l'espoir fou de s'y reproduire peut-être.

La terre nue laisse voir en majesté les heureuses gagnantes du tirage au sort : celles qui recevront amour et attention, eau et petit binage. Les remords de cette grande tuerie me font laisser pousser quelques courageuses qui viendront, à mon sens, être un bon alliage à mes choix : le bouillon blanc, le coquelicot auront la vie sauve et m'en remercieront vivement le temps venu.

Le sol chaud a désormais entrouvert ses bronches et je joue gaiement à l'égaliser et le faire respirer à plein poumons autour des élues de mon cœur. Mes pas laissent une petite empreinte dans la fourmilière que je viens de constituer et dont je suis la reine.

Quelques monticules par-ci, quelques coups de binette par-là.

En me redressant, une grande satisfaction m'envahit et je souris à l'odeur assaisonnée que foulent mes pieds. Un vaste coup d'œil sur le massif dans son ensemble pour traquer le germe qui m'aurait échappé, m'accroupir à nouveau pour vérifier sous les feuilles. Je retire mes gants et caresse le sol. Enfin, mon harmonie est signée.

Je reviendrai vérifier que la nature a accepté mes propositions et retirer un peu de liseron quand ce sera son tour de vouloir coloniser la terre laissée à jour.

Plantée là

Elle s'accroupit à nouveau pour refaire ses lacets. Depuis le départ, c'était bien la dixième fois qu'elle se baissait pour les nouer. Elle aurait été plus avisée de mettre une autre paire de chaussures. Léna et Laura ne se retournaient même plus pour l'attendre. Cette fois-ci, elle décida de s'appliquer et se laissa distancer par ses amies qui, de toute évidence, rêvaient de marcher plus vite depuis le début de cette balade en forêt.

Après avoir compressé ses pieds au point de ne plus pouvoir bouger un orteil et avoir exécuté consciencieusement les boucles et les nœuds qui tiendraient davantage et lui permettraient de différer le prochain arrêt, elle se releva et prit le temps d'admirer les lieux qui l'entouraient. Qu'il était bon de respirer ici ! Face à elle, un virage avait maintenant fait disparaître les corps sportifs de ses amies. L'horizon était désormais vierge de toute présence humaine. Elle n'osait plus avancer de peur de relancer le long mais inexorable délaçage de ses pieds. Elle était bien là où elle se trouvait. Lasse de constamment devoir surveiller ses pieds, elle décida de s'arrêter quelques instants.

Un vent léger faisait bruisser les feuilles chauffées depuis le matin par le soleil ardent du mois d'août. Elles avaient perdu de leur verdeur dès le début de l'été et arboraient déjà un ton entre le jaune et le marron. Elles donnaient l'impression de s'accrocher encore à la sève qui les avait faites éclore au printemps mais sans grande conviction. Elles semblaient assoiffées alors que nous n'étions qu'au milieu d'une chaude journée d'été et impatientes de retrouver un peu de fraîcheur revigorante à la tombée de la nuit. Le déjeuner de cette journée dominicale avait été copieusement arrosé de vin et suivi d'une sieste salvatrice. Léna, Laura et Lise, les trois L, avaient décidé d'aller se promener en cette fin d'après-midi dans le bois dont l'entrée se trouvait juste derrière le gîte, qui était loué pour quelques jours, à Milly-la-Forêt. Elles avaient pris cette réservation le jour du nouvel an : trois jours rien que pour elles, sans les enfants, sans les hommes, juste un long week-end de bavardages, de souvenirs et de grignotages.

À vrai dire, Lise n'était pas très motivée par cette excursion inopinée dans son planning de réjouissances. Venue pour papoter et picoler entre vieilles amies, elle n'avait pas vraiment l'intention de sortir du gîte pour crapahuter ! Déjà qu'elle ne faisait pas de sport le reste de l'année... Mais cela faisait déjà deux jours que Lise et ses amies vivaient recluses, oubliant l'heure et le quotidien. Quand les copines avaient manifesté, avec leur plus grande force de persuasion, un besoin d'exercice et de nature et insisté sur la facilité et la rapidité de ce parcours autour de leur résidence, elle avait cédé et enfilé ses baskets à la place des tongs qu'elle n'avait pas quittées depuis son arrivée. Elle songea qu'elle n'aurait pas pu, seule, leur imposer une heure de lecture. La pression des arguments relatifs à l'entretien d'une bonne santé mais surtout la promesse d'un apéritif royal au retour l'avait fait changer d'avis très rapidement.

Levant les yeux, elle prit le temps de regarder les immenses branchages la protégeant des rayons que le soleil dardait sur la forêt et qui inondaient le ciel depuis le lever du jour. La vue de la mousse vert tendre restée fraîche à l'ombre des chênes, l'apaisait. Elle se sentait bien, debout, entourée de nature. Elle sortit son téléphone et en profita pour réaliser quelques clichés de feuilles et de fougères en très gros plan. Cette magie de dame Nature à laquelle elle détestait qu'on fasse référence à tout bout de champ se révélait sous l'objectif de son appareil. Elle se prit au jeu et avança jusqu'à un fourré qui l'invitait à sortir du sentier. Elle reprendrait le chemin balisé plus loin. Petit à petit, elle sentit une humidité agréable la stimuler ou était-ce tout simplement l'ivresse latente du vin ingurgité à midi qui la quittait...

Elle quitta le petit chemin enherbé pour s'aventurer dans le sous-bois toujours armée de son fil Instagram. Le son sec du bois mort sous ses pieds était agréable, chaque nouvel élément la ravissait. Elle aperçut, en jetant son regard un peu plus avant, un miroir annonçant l'eau qui manquait tant ces dernières semaines. Elle fut attirée par ce petit coin frais et accueillant.

Quelques ronces lui piquèrent l'arrière des genoux. Elle surveilla moins l'état de ses lacets en enjambant les herbes folles qui freinaient sa progression. Elle voulait baigner ses pieds dans cette eau glacée. Elle avait repéré un gros rocher sur lequel elle poserait ses fesses. Comme le clapotis insouciant de l'eau qui coulait était attrayant ! Puisque les filles devaient avoir pris beaucoup d'avance maintenant, elle envoya un petit message *Suis loin derrière, je vous rejoins au gîte, à tout'*. Elle prit une profonde inspiration et s'assit. Elle crut entendre un bruissement derrière elle et l'espace d'un instant regretta son écart. Comment avait-elle atterri sur cette grosse pierre déjà ? Un frisson la parcourut. Le scintillement argenté du soleil déclinant sur l'eau, ôta ses derniers doutes. C'était magnifique ! Un ruisseau caché sous les racines, quelques roches amoncelées là et ces rayons qui peinaient à traverser les feuilles. Si loin de la ville et de ses tracas. Sereine dans la forêt en évolution. Elle ferma les yeux pour mieux apprécier ce moment.

La température était idéale et enveloppait son corps comme le premier lange d'un nouveau-né. La douceur l'envahit.

Une forme bienveillante la prit tendrement dans ses bras. Une longue minute d'éternité. Elle retira ses chaussures avec joie et trempa ses orteils dans le liquide enchanteur et engageant. Ses cheveux s'allongèrent alors jusqu'à effleurer la surface de l'eau. Son short devint une longue tunique blanche et pure. Un sourire l'habillait maintenant. Ses mains jouèrent avec l'eau fraîche créant de belles courbes dans un mouvement circulaire. Elle laissa glisser ses pieds au fond du ruisseau. Elle aperçut alors un petit oiseau dont le vol harmonieux parmi les branches lui permit de clore ses paupières quelques instants. Un battement de tambour se fit entendre au loin. Son corps vibra, son cœur s'ouvrit, ses épaules se détendirent. Elle abandonna son corps et son esprit à cette expérience nouvelle. D'autres femmes vinrent, épanouies et bienveillantes. L'une portait des plumes dans sa chevelure, une autre une ceinture bleue, une autre agitait ses bras multiples. Elles se penchèrent sur elle et murmurèrent une sorte de berceuse charmante. Elle s'épancha dans cet univers. Enfin, souriantes, lui donnant la main une à une, elles formèrent une ronde. Agitant leurs spectres, elles disparurent comme elles étaient apparues, dans une béatitude mystique qui s'échappa comme elle si elle n'avait jamais eu lieu.

Ses pieds étaient gelés. La pierre sous elle était dure et froide et un frisson parcourut son corps reposé. Son regard se posa sur un bousier qui tentait fébrilement de pousser une feuille sur son passage. Il était temps de reprendre son chemin et de rejoindre le gîte tranquillement. Elle apprécia la chaleur retrouvée sur la fin du trajet exposé en plein soleil.

Lise apparut au fond du jardin découvrant ses amies affalées sur les transats. Elle s'agenouilla pour refaire ses lacets, une dernière fois, et leur lança :

— Eh les filles, c'est incroyable ce qu'on se sent revivre en forêt ! L'an prochain, on pourrait se faire une grande randonnée à Brocéliande, non ?

Léna et Laura la dévisagèrent interloquées.

Au fil du temps

Ça a débuté comme ça.
On a rendu obligatoire le port de la ceinture à l'arrière des voitures. Avec ces entraves, les enfants n'ont plus dormi allongés pendant les longs trajets, n'ont plus râlé sur papa qui prend ses virages un peu brusquement. Ils sont tenus fermement par un lien mécanique.

Puis, on a interdit d'apporter un gâteau fait maison à l'école pour fêter son anniversaire. Éviter les allergies aux bons produits pour développer celles aux additifs. Finies la mobilisation d'excitation et d'énergie pour confectionner son gâteau soi-même ou avec maman.

Et puis, on a inventé la carte vitale et le médecin traitant. C'est bien plus sécurisant d'avoir toutes les données de santé regroupées, un seul praticien et pharmacien régulier qui a sa vision personnelle de la médecine et du patient. Dépassées les visites contradictoires, les éclairages différents d'un même problème. Tout est automatique et c'est bien plus simple !

Et, on a interdit aux inspecteurs d'auto-école de donner le résultat de l'examen de conduite. Plus de lueur de joie, d'espoir, de déception, de colère dans le regard des jeunes conducteurs, plus d'échange humain. Les résultats sont donnés par informatique avec un numéro d'inscrit. Par contre, le candidat voit sa note détaillée par type d'erreur et nombre de points. C'est bien plus précis !

On a obligé les enfants qui traversent la route, qui prennent les transports scolaires à porter un gilet de sécurité. Les enfants ne sont plus vigilants, leur uniforme le fait à leur place. Le gilet donne une impression d'invincibilité et joue le rôle protecteur du parent inquiet qui fait mille recommandations et du surveillant garant de la sécurité de chacun.

On a mis les fumeurs dehors. Pour préserver la santé de chacun et bien montrer à ceux-ci que la société prenait des mesures d'hygiène. Tes soucis, tes poumons, on ne veut pas les voir, pas les entendre, nous, entre gens sains, nous restons soudés et propres.

On a obligé les cyclistes à porter des casques. Ce serait trop dangereux de rouler le vent dans les cheveux, se faire caresser le sommet du crâne par la vitesse, être ivre de liberté le temps d'une balade. Le cycliste se sent tenu, guidé par ce couvre-chef, fort pour avaler les kilomètres sans craindre la chute.

On a crée des ronds-points partout. L'indécis peut tourner en rond sans ennuyer ceux qui connaissent la bonne voie. On a inventé les GPS pour ne pas se perdre.

On a interdit les feux de plein air. On ne peut plus brûler un tas de feuilles automnales et se sentir puissant, en étant maître du feu et sa survie. Les déchets verts doivent être emmenés en déchetterie pour être traités par des techniciens spécialistes.

On a entraîné les enfants aux incendies, aux intrusions, aux attentats. On a recréé de la peur dans la sécurité...

Alors, sont nés le développement personnel et Laurent Gounelle.

On a démocratisé le jogging avec écouteurs. L'individu choisit son parcours de course et la musique qu'il va écouter. Pendant cette activité, il est seul décisionnaire de tourner à droite ou à gauche ou de faire demi-tour. Les notes de musique sont au volume qu'il veut et il peut même parfois se surprendre à rêver en chantant.

On a inventé des jeux vidéos, des escape games pour se faire peur, vivre des sensations intenses mais sous contrôle : la pièce s'ouvre au bout d'heure et l'ordinateur s'éteint emportant toutes les envies, les rages, les angoisses sans conséquence humaine. Ces instants d'évasion créent une brèche de sentiments violents et fiévreux.

On a inventé les week-ends insolites en yourtes ou dans des cabanes perchées dans les arbres. A une date bien précise, réglés par carte bancaire : la joie de la nouveauté, la curiosité et l'ouverture à l'autre.

Les plus jeunes ont inventé la « biture express » pour s'enivrer, se remplir d'air et d'émotions. Boire vite pour que le cerveau s'empresse de quitter le monde insensible et que les vapeurs de l'alcool les fassent se sentir vivants.

On a démocratisé la méditation. Des vidéos en ligne très accessibles, des méditations de quelques minutes à faire le matin en se créant un petit rituel. Quelques instants assis en tailleur où nous sommes à l'intérieur de nous-mêmes, libres de retourner sur les terres de notre enfance sans ceinture, d'aller à l'étranger sans passeport et vaccins à jour. Retrouver une capacité propre à errer sans panneaux de circulation.

On a inséré dans les fictions des scènes effroyables de torture, des viols plus vrais que nature. Et nous ressentons alors, à travers l'écran, de façon cathartique, toutes ces émotions refoulées, non vécues dans le monde aseptisé de risques dans lequel nous vivons.

On a inventé Internet et donné l'impression que nous vivons dans un monde ouvert et que nous ne sommes plus Français mais habitants de la planète. Et nous nous réjouissons d'être capables de connaître la vie à l'autre bout du monde, à l'abri, derrière notre écran. Quelle euphorie quand nous voyons quelques instants ce que notre temps de vie personnel ne pourrait nous permettre ! Et nous ressentons une communion.

On a crée des groupes de parole, des formations pour se connaître soi-même, apprendre à s'aimer, prendre soin de soi, câliner les arbres une heure par semaine, trouver sa voie. Chacun pense que ses choix sont raisonnés et personnels et que son libre arbitre est acquis et immense.

... Et ainsi, nos ailes spirituelles peuvent s'ouvrir et nous donner l'illusion de la liberté.

Viens voir

Viens avec moi déjeuner sur l'herbe
Viens avec moi écouter les coquelicots
Viens voir comme l'avenir sera beau

Je te montrerai un pays où les promesses ne sont pas vaines

Je te montrerai un pays où les hommes s'aiment

Laisse tes aigreurs et tes acidités, viens ouvrir tes ailes

Oublie ton mal-être et la dictature du développement personnel

Oublie tes factures dématérialisées et tes e-tickets

Ferme les vannes de la plainte sans regret

Crie ton désespoir si tu veux aujourd'hui mais viens voir plus loin

Laisse tomber la jalousie et l'inertie, viens imaginer demain

Viens avec moi déjeuner sur l'herbe
Viens avec moi écouter les coquelicots
Viens voir comme l'avenir sera beau

Défile et use tes semelles sur le pavé
Unis-toi à tes semblables fatigués
Débats-toi dans ces filets sans sortie
Où même les rêves et les aspirations ne sont
plus permis
Ote tes œillères, respire et regarde l'horizon,
 Il t'invite à lâcher tes préjugés, tes
contradictions

Laisse tomber le brouillard de la course
incertaine
Laisse tomber les angoisses de fin de semaine

Viens avec moi déjeuner sur l'herbe
Viens avec moi écouter les coquelicots
Viens voir comme l'avenir sera beau

Remplis tes placards si tu veux, achète-toi un
bateau
Mais sache que demain te souriras à nouveau
Si le vent tourne, si la terre est ronde alors le
monde est en mouvement
Viens avec moi contempler ce spectacle
permanent
Quand les vagues monteront, nous serons
ensemble
Et c'est le plus important il me semble
Le bouillon des crues lessive ce qu'on a trop
longtemps cru
Des fleurs poussent aujourd'hui sur les
trottoirs des rues

Viens avec moi déjeuner sur l'herbe
Viens avec moi écouter les coquelicots
Viens voir comme l'avenir sera beau

Viens avec moi déjeuner sur l'herbe
Viens avec moi écouter les coquelicots
Viens voir comme l'avenir est beau....

Vivre le vacarme de la vie

Vivre le vacarme de la vie, faire partie de la mélodie, suivre la partition, ne pas entendre l'alerte et puis... quitter l'essaim brusquement et sans un bruit.

Un black-out total, une onde de choc.

On débranche les câbles, on coupe le son, la fête est finie.

Certains parlent d'attendre un jour meilleur et d'autres avouent l'enfer.

Le silence a pourtant un son : celui de l'inconnu, celui du soi enfui, celui du corps, celui de la transparence. Celui de ton vide, celui de tes démons. Une surdité... salvatrice.

Après les douches de cris, les impulsions agressives, les sonneries stridentes, élire domicile sur un canapé qui fait tapisserie et ne plus capter aucune station. Tes tympans sont fracassés, ma belle !

Et puis, jour après jour, quitter les coulisses du silence, ressentir des frémissements et percevoir des murmures au loin. Être, petit à petit, capable de reconnaître le chant de la rose naissante, écouter une voix qui s'était tue, prêter l'oreille à la source.

Certains parlent d'attendre un jour meilleur et d'autres avouent l'enfer.

Un jour, une voix qui s'éveille, bourdonne et vient de l'intérieur. Cette voix qui gémit et t'apeure. Elle a sept ans, elle a douze ans, elle a vingt elle grandit si vite. Elle fredonne et se fait entendre mais elle a peur que tu l'abandonne alors elle t'accorde encore parfois un « allez reste à l'intérieur, la où tu choisis ta petite musique, où tu vis une chanson douce qui résonne à ton rythme. »

Certains parlent d'attendre un jour meilleur et d'autres avouent l'enfer.

Mais toi, désormais, tu veux retrouver les fanfares et quitter les tic-tacs et les décibels de ton cœur. Poursuivre l'histoire. Les battements s'accélèrent, le tempo revient et tu as envie d'écrire la suite. Tu as le courage d'affronter le silence et de l'aimer.

Certains parlent d'attendre un jour meilleur et d'autres avouent l'enfer.

Aujourd'hui, entrouvrir enfin la porte sur le boucan de la rue, rallumer les sirènes, se réveiller, oser tendre ton micro et, vivante, vibrer dans le vent.

Le courage d'affronter le silence. C'est quand le fond sonore s'arrête qu'on se rend compte qu'il était là, omniprésent. Déchargée aujourd'hui du vrombissement.

Comment peut-on voir un élève traverser la cour de récréation un arrosoir à la main ?

Il est 16 heures. Nous avons emmené les élèves du niveau 5ᵉ à Langeais. Il fallait être là à 16h20 pour le ramassage scolaire. Nous sommes en avance... Nous surveillons donc nos élèves sur la cour. Il fait très beau pour un mois d'avril. Nous discutons au soleil en contemplant nos petits anges.

Un élève, tout petit, un 6ᵉ sûrement, traverse la cour, sans regarder personne, sûr de lui, un arrosoir à la main ? Nous n'avons pas la berlue ! Un collègue d'EPS est avec un groupe d'élèves un peu plus loin. Il vient vers nous et nous explique. La classe de 6B avait une heure d'étude. Lui et le collègue de SVT ont pris la classe : jeux sur le terrain de sport ou entretien du jardin de la classe. Certains élèves de 6ᵉ sont donc en train de jardiner. Tout est normal. Vive le collège !

Salle d'attente

Il est 17h. La ville bourdonne autour.

Ses extrémités sont froides, ses doigts sont blancs, sans vie. Elle donnerait bien une claque ou une poignée de main pour se réchauffer. Elle attend depuis déjà une demi-heure dans cette salle d'attente...

Sur la petite table basse, des magazines. Un magazine féminin de décoration et d'arts de la table dont la Une est intitulée « nouvelles tendances » et qui est datée d'il y a deux ans. Un magazine de santé qui vante les mérites du yoga à tout âge et de la méditation. A l'intérieur, un régime crétois révolutionnaire et des publicités pour les crèmes anti-âge. Tout au-dessous de la pile, un vieux *Science et Vie* sur les pouvoirs méconnus de notre cerveau.

Un vieux couple est là aussi, assis sur deux chaises côte à côte. Celle de la dame couine à chaque mouvement pour la plus grande gêne de sa locataire, condamnée à rester droite et immobile pour ne pas perturber le silence... Ils attendent, jettent parfois furtivement un regard perdu vers la fenêtre.

Une femme d'une cinquantaine d'années entre d'un pas assuré. Elle se jette sur un des sièges, réalise qu'il grince et se relève d'un bond pour en choisir un autre. Mon regard croise celui de la dame âgée. Pourquoi n'a-t-elle pas, elle aussi, changé de chaise pour être plus à l'aise ? Elle ouvre à grand bruit son sac à main, croise les jambes pour montrer le galbe de ses mollets, ses chaussures à talons en tissu neuf et tapote sur son portable. Tout à coup, la voix de Claire Chazal s'échappe de son téléphone. « Oh pardon ! » dit-elle en coupant le son.

Un bruit de sirènes au-dehors nous rappelle que le monde tourne pendant que nous attendons.

Une jeune femme sort par une porte et se dirige vers l'accueil. On entend par intermittence quelques bribes de leur conversation « oui, c'est sûr, que l'on a ça ! », « la prochaine fois »... Impossible de connaître la raison de sa venue et la teneur de leur conversation de la salle d'attente. Elle paraît agréable et rassurante, le ton est assez enjoué.

— Vous aviez rendez-vous avec M. Le Noir, à quelle heure ? interroge la femme au téléphone maintenant qu'elle l'a posé.

— 16h30 pour nous, répond le couple.

— Ah oui ! Plus de trois-quart d'heure de retard...

Elle ressort son téléphone la mine résolue et se replonge dans le monde virtuel.

Elle, elle n'a pas rendez-vous avec M. Le Noir mais elle attend que la porte qu'elle fixe depuis quelques minutes s'ouvre enfin.

Sème

Tu t'es laissé caresser par les rayons printaniers à travers les vitres. Tu as laissé se réchauffer la terre après son long sommeil et tu y as enfoui quelques graines de vie.

Le vent a soufflé et l'air a changé, tu t'es débarrassé des vieilles branches noircies, les pluies ont ruisselé jusqu'aux fossés. Désormais la terre laisse éclore ses premières pousses.

À ce jour, tu as appris à faire fermenter ton levain, tu as conçu une nouvelle façon d'être aux tiens et au monde, tu as développé ta patience et maintenant surgit... Ton poing.

Création, passion, découverte, innovation... Laisse éclore, laisse gonfler ton énergie !

Tu te sens isolé ? On n'est pas isolé quand tout le monde l'est aussi !

Tu es comme la reine de ta propre ruche, seule abeille féconde qui perpétue l'espèce mais qui a besoin de la collecte des ouvrières pour exister.

Tout ce que tu as accumulé, prélevé, recueilli, fais-en un énorme bouquet et hisse-le au plus haut !

Toute cette sensibilité qu'elle devienne le terreau de tes actions futures, que tes passions en deviennent l'engrais et que tes aspirations soient le souffle qui dissémine l'amour du fruit.

Au nom de ta patrie intime, ensemence des parcelles de ton être qui se multiplieront au grand jour, qui feront connexion avec celles des autres par la suite.

Comme un bourgeon de vigne, développe ta vigueur à surgir dans le bois dur qui a déjà vécu pour lui permettre à nouveau de porter des fruits.

Tu vas me dire que tu es modelé par la léthargie du confinement. Fais-toi morceau d'argile et prends la forme qui te convient !

Cultive ton territoire défriché de toute angoisse, laboure et laisse germer.

La Terre est ton territoire, la propriété de ton appétit de liberté si grand aujourd'hui !

10/04/2020

Baskets et cie

Il portait de vieilles baskets usées et sales. Elles n'étaient pas blanches mais on pouvait deviner qu'elles l'avaient été dans une autre vie. Une trace de terre sur le dessus de son pied droit l'agaçait tout particulièrement. De la terre recouvrait ses semelles également. Elle l'écoutait se présenter mais elle n'arrivait pas à détacher ses yeux de ses chaussures. Comment pouvait-il se présenter à cette réunion avec de telles chaussures aux pieds ? Elle ne serait même pas partie en randonnée avec des pompes dans cet état...

Cela ne l'empêchait pas de parler clairement et de donner un ton très agréable à ses paroles. Comment faisait-il ? Avait-il si confiance en lui que son apparence ne comptait pas ? Qu'avait-il fait juste avant ça ? Elle détacha un instant son attention de ses explications sur sa méthode SEO pour divaguer. Peut-être avait-il couru au bord de la Maine avant de venir au centre de formation ? Peut-être avait-il tout simplement garé sa voiture sur une place boueuse ? Mais enfin comment un homme qui venait ici exposer sa méthode rigoureuse et infaillible sur le référencement en ligne pouvait-il prêter si peu d'attention à sa façon de se garer et ne pas être vigilant à ce sur quoi il mettait les pieds ?

Maintenant, elle vérifiait le sol. La moquette grise de la pièce se maculait au fil des minutes de petits tas de terre sèche qu'il écrasait sans vergogne à chaque mouvement de ses pieds. Bientôt, il y aurait une minuscule couche fine de sable sur tout le devant de la salle. Elle s'imagina la tête du personnel de ménage. C'est bien la peine de bosser dans le tertiaire pour aspirer de la boue ! Son diaporama était clean et bien fait. Chaque diapositive reprenait l'essentiel de son propos et contenait une vidéo, un son qui permettait d'aller plus loin. Le logo de son entreprise contenait un petit crayon ou une sorte de manche qu'elle aurait bien transformé en balai pour l'heure !

L'assemblée conviée ce jour-là pour venir assister à la présentation était toute ouïe. Il est vrai qu'il captait l'intérêt de chacun et que sa motivation à parler par sigles (qu'il prenait soin d'expliquer à chaque emploi) captivait son auditoire. Personne ne regardait ses chaussures. Les autres prenaient des notes, acquiesçaient en hochant la tête ou bien rêvassaient en essayant d'intégrer ses conseils. Il était très bienveillant, il passait par des exemples concrets de leur quotidien et maîtrisait parfaitement son sujet. Le faire intervenir cet après-midi avait été compliqué : son emploi du temps étant déjà bien rempli à cette période de l'année. Elle se félicitait d'avoir insisté auprès de sa secrétaire et se réjouissait de l'avoir relancé par mail

quelques semaines auparavant. C'était
passionnant de l'écouter parler. C'était
tellement étrange cette dégaine.

C'était il y a 10 ans.

Ils sont maintenant mariés.

Il quitte ses chaussures dans l'entrée.

Inspire

Quand j'aperçois l'horizon au soleil couchant, mon esprit vagabonde et s'imprime d'espoir.

Je t'imagine demain, appartenir au grand Tout.

J'imagine ton apprentissage de l'art de la joie au réveil.

Tu peux toujours me dire que le soleil se couche et que l'univers plonge dans les ténèbres moi je sais qu'il renaîtra demain à l'aube.

Tu vas me répondre que les rideaux se ferment et que les lumières de la ville s'éteignent.

Tu n'es pas en guerre, tu es en mutation. Tu es au jour 1 du rythme du bonheur.

Toi, mon ami, mon frère, je veux te voir apprendre des chenilles juchées sur leur brin d'herbe. Je veux que tu sois la chrysalide et que tu imagines les couleurs chamarrées des ailes du papillon qui virevoltera gaiement au jardin.

Apprends à respirer, à inhaler l'air du temps et à cracher du feu.

Tu sais, si le vent tourne, puisque la Terre est ronde alors le monde est en mouvement, contemple le spectacle permanent et étonne-toi à battre la mesure !

Vas-y, bois un petit verre d'inspiration et laisse tomber le brouillard de la course incertaine, laisse tomber les angoisses de fin de semaine.

Tout est ouvert, rien que des gens comme toi et moi sans barrière invités au ballet du changement.

Souffle, souffle sur le pissenlit en fin de vie, transmets-lui de tes envies.

Tu sais, le bouillon des crues lessive que tu as trop longtemps cru, des fleurs poussent aujourd'hui sur les trottoirs des rues, leurs graines sèmeront les années à venir.

Ferme les vannes de la plainte sans regret, je te dis, écoute-moi, regarde par la fenêtre, écoute les petits oiseaux revenus, ils te chantent le printemps et te disent que demain le soleil se lèvera à nouveau, si, si !

Il faut que tu cries ton désespoir, bien sûr, que tu expulses toutes ces mauvaises particules ankylosantes mais laisse-les derrière toi. Entends-moi : gonfle le torse, vide ton sac à dos en un mouvement d'épaules. Là, ouvre les mains, tends-les vers le ciel, inspire et danse avec la lumière.

Plus tard, quand les vagues monteront, je serai avec toi et nous serons ensemble pour bâtir. Il faut prendre des forces maintenant que nous sommes en sommeil pour manifester, faire rayonner sa chaleur après.

Tu vas voir, la suite va envahir la scène de tes poumons, ton corps va s'emplir d'aspirations et la cadence du cycle des jours va reprendre son cours avec toi, oui toi, au centre.

Au centre de ta révolution pour mieux t'ouvrir aux tressaillements, t'enivrer de naissances et communiquer ta joie d'exister au monde !

24/03/2020

Oh et puis zut, je bronze !

Ça a commencé dès potron-minet par les gazouillis des oiseaux et l'air doux et chaud monté du jardin jusque dans la salle de bains. Après, c'est le tour au supermarché qui m'a incité : des étals dégoulinants de « tout pour le barbecue » (saucisses, cure-dents, maïs, bière etc.), des maillots de bain, de l'autobronzant et des chaises longues !

À la radio, on chante l'arrivée de l'été et le simple toucher du gilet brûlant laissé sur le siège passager m'invite à changer de tenue.

Le ciel est « bleu vacances » aujourd'hui.

Il y a mille choses sur ma to do list cet après-midi (appeler l'assureur, réinscrire ma fille aux transports scolaires, nettoyer ma voiture avant le contrôle technique, finir un document, ranger...) Mais j'ai bien le temps de passer un moment dehors, hein ? Ne serait-ce que par respect pour ceux qui sont enfermés dans un bureau et qui aimeraient bien avoir ce choix. Je décide que ce sera un bon compromis de commencer par vider ma voiture... Une chaude ambiance règne devant la maison, j'ai de plus en plus envie de vérifier si la température est la même sur mon transat !

Après tout, une petite heure à ne rien faire, les doigts de pieds en éventail, c'est sûrement très bon pour moi, pour mon « rayonnement » personnel.

Et puis, j'aurai certainement plus la pêche pour le reste... Après.

Alors, c'est parti : lunettes de soleil, crème, un bouquin, portable ou pas ? Allez, on ne sait jamais le père Noël pourrait appeler !

Enfin, je m'allonge. Ah mince, il faut mettre la tête à l'ombre, il fait trop chaud, là. Au bout de dix minutes de discussion avec ma chaise longue, on est bien. Juste mon corps et moi dans un bain de jouvence.

Un peu de musique dans les oreilles, quelques pages lues, quelques allers-retours sur Instagram et cette sensation d'être dans un lit de coton douillet sous une veilleuse comme un petit poussin. Je ferme les yeux, je suis ravie. Je rouvre les yeux, tout est toujours là, tranquille.

Et puis, au bout d'une demi-heure, je ne sais pas si c'est la vue du ballet infatigable des abeilles butineuses qui a eu raison de moi ou la couleur de mes pieds qui virent à l'écrevisse, je quitte ma petite bulle de soleil pour... Écrire un petit texte, tiens !

J'aime la patience

J'aime la patience de l'agriculteur qui s'apprête à faire dix kilomètres à 20 à km/h dans son petit tracteur et qui sera en retard pour le dîner. J'aime la patience de la petite mamie qui arrache une à une les herbes folles au bord de son trottoir et qui recommencera après la prochaine pluie. J'aime la patience de l'enfant qui attend dans le hall d'entrée de la banque que papa et maman aient fini ce rendez-vous important pour réclamer une viennoiserie. J'aime la patience de la plante verte qui attend d'être arrosée pour préparer de nouvelles pousses. J'aime la patience de la jeune fille qui attend ses résultats de concours en bouquinant au jardin. J'aime la patience du cafetier qui attend que la dernière goutte de café soit tombée dans la tasse avant de la servir. J'aime la patience du jeune homme qui attend que son petit frère ait fini de faire ses lacets pour pouvoir le chatouiller. J'aime la patience du dernier chaton qui attend pour téter. J'aime la patience du père de famille qui attend que son fils ait gravi tout seul les marches du toboggan avant de le rattraper après sa glissade. J'aime la patience de la fourmi qui déplace une feuille trop lourde pour elle, pas à pas, lentement mais sûrement. J'aime la patience des fleurs jaunes d'onagre qui attendent le soir pour s'ouvrir et qui mourront le lendemain. J'aime la patience de ceux qui lisent les textes jusqu'à la fin !

Au jardin

Attentive fleur de cerisier

Tu refuses le bruyant guêpier

Dans lequel tu es tombée

Le temps est venu de te révolter

Bise sensorielle

Une odeur d'eau de Cologne, de déodorant
bon marché, de transpiration, de café, de
dentifrice ou celle d'un parfum délicat.
Une bise, mais à tout prendre, qu'est-ce ?
Un accueil fait d'un peu plus près, un
bonjour
Plus précis, une relation que l'on veut
montrer ,
Un cœur bleu que l'on envoie par la bouche ;
C'est un parfum de l'autre qui veut se
partager,
Un instant de contact qui fait un bruit de
mouche,
Une proximité rapide ayant un goût de
confiance,
Une façon d'offrir un peu d'intimité,
Et d'un peu goûter, du bord des
lèvres, l'affection !

Inspiré de Cyrano de Bergerac, Edmond Rostand, Acte III,

scène 10

Table des matières

Elle va bientôt s'envoler
Le bout du monde au bout du pied.

Margaux Dellacherie

Du même auteur :

- ♦ *Cours toujours !* roman feelgood, 2021
- ♦ *À fleur d'eau,* roman cosy mystery, 2022
- ♦ *Je n'ai jamais triché,* nouvelle pour adolescents, 2022
- ♦ *Humeurs de courses, chronique d'une ménagère en caddie,* 2022
- ♦ *Deux toits à moi,* récit autobiographique, 2023
- ♦ *Humeurs de courses, chronique d'une ménagère en caddie, tome 2,* 2023

Retrouvez-la sur Facebook et Instagram: Véronique Lesaffre auteure

Et sur son site web : https://veroniquelesaffreauteure.fr